INSTRUCTION PASTORALE

SUR

LA DÉVOTION AU SACRÉ-CŒUR DE JÉSUS

ET

MANDEMENT

DE

MONSEIGNEUR L'ÉVÊQUE DE MOULINS

POUR LE

SAINT TEMPS DE CARÊME 1873

MOULINS

IMPRIMERIE A. DUCROUX ET GOURJON DULAC, RUE SAINT-PIERRE

Imprimeurs de l'Évêché.

1873

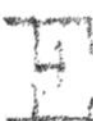

INSTRUCTION PASTORALE

ET

MANDEMENT

DE

MONSEIGNEUR L'ÉVÊQUE DE MOULINS

POUR LE

SAINT TEMPS DE CARÊME 1873

AVIS.

La fête de saint Marc tombant cette année un vendredi,
la dispense accoutumée n'a pas son application.

MM. les ecclésiastiques soumis à l'examen, qui ont déjà
été interrogés sur les matières de la dixième année, et qui
voudront subir un examen dans le mois d'octobre prochain,
seront interrogés sur celles de la première année. S'ils
ont passé leur dernier examen sur la neuvième année, le
prochain sera sur la dixième.

MM. les Curés sont priés de vouloir bien ne plus employer
à l'avenir pour leurs versements les feuilles de quittances
des années précédentes, mais seulement celles qui leur ont
été envoyées avec les registres de 1873.

Sous aucun prétexte, M. le Trésorier de l'Évêché ne
recevra les fonds destinés à la Caisse de secours. Ces fonds
doivent être adressés directement à M. Croizier.

INSTRUCTION PASTORALE

SUR

LA DÉVOTION AU SACRÉ-CŒUR DE JÉSUS

ET

MANDEMENT

DE

MONSEIGNEUR L'ÉVÊQUE DE MOULINS

POUR LE

SAINT TEMPS DE CARÊME 1873

PIERRE-SIMON-LOUIS-MARIE DE DREUX BRÉZÉ, par la grâce de Dieu et du Saint-Siége Apostolique, Evêque de Moulins, Assistant au Trône Pontifical,

Au Clergé et aux Fidèles de notre Diocèse, salut et bénédiction en Notre-Seigneur Jésus-Christ.

N. T. C. F.,

Au plus fort de nos désastres, des âmes pieuses se sont en grand nombre réunies dans le désir de voir la France solennellement consacrée au Cœur de notre divin Sauveur. Cette pensée n'était pas nouvelle, et on la voit se montrer à l'ouverture bientôt séculaire des calamités de notre patrie. Des renseignements qu'il ne paraît pas possible de contester l'attribuent au saint roi Louis XVI, qui aurait fait de ce désir le refuge et la consolation de ses douleurs. Ainsi, dans le court espace qui séparait alors le trône de l'échafaud, la dévotion au Sacré-Cœur achevait de prendre cette physionomie française, que son origine lui avait donnée, et qu'elle conserve encore aujourd'hui.

Assurément, N. T. C. F., le Cœur de Jésus appartient à tous. Depuis que la lance du soldat l'a ouvert, toutes les nations sont venues, et ont puisé suivant leur soif à cette source sacrée. Le roi David avait figuré ce mystère, et longtemps à l'avance réservé sur le cœur de Jésus le droit de tout le peuple racheté. Ce fut lorsque répandant à terre l'eau si désirée, et obtenue avec un si grand péril, de la fontaine de Bethléem, il annonçait ainsi que l'eau et le sang tirés plus douloureusement au Calvaire n'étaient pas destinés à un seul, mais que la source en demeurerait ouverte à tout l'univers.

Montré au monde à la croix, dès la croix le Cœur de Jésus fut reconnu par lui. « Ils verront celui qu'ils » ont percé, » avait annoncé le prophète, « et ils le » pleureront. » Et Notre-Seigneur avait dit en prophétie des merveilles qu'il devait opérer en sa mort : « Quand j'aurai été élevé de terre, j'attirerai tout à » moi. » Cette puissance attirante est la vertu de son cœur, captive à la vérité aux jours de sa vie mortelle sous l'enveloppe qui la tenait cachée, s'échappant cependant en une foule d'issues miséricordieuses, mais qui ne la manifestaient pas en entier. Si bien qu'on eût pu dire du Cœur de Jésus-Christ comme de Jésus-Christ lui-même : « Nous l'avons vu, et nous » n'avons pas pensé que ce fût lui. » Le monde n'a commencé à le penser qu'au Calvaire, alors que de ce Cœur mis à nu aux yeux de ceux qui l'avaient transpercé sortaient des flèches enflammées qui les transperçaient à leur tour.

C'est donc au Calvaire, N. T. C, F., que la dévotion au Cœur de Jésus a pris naissance. Nommez les premiers qui l'ont vu, vous nommerez ses premiers adorateurs. D'abord le conquérant de ce Cœur sacré, l'heureux explorateur de l'asile où il était renfermé ; ensuite les assistants qui s'en allaient frappant leur poitrine et disant : Véritablement celui-là était le Fils de Dieu. Ajoutez les femmes pieuses baignées de l'eau de ce cœur plus que de leurs larmes, les morts touchés de son sang et rendus à la vie, en un mot le troupeau commençant de l'Église naissante ramassée comme en un berceau dans le cœur de notre bien-aimé Sauveur.

Si toutefois nous n'aimons mieux dire que cette dévotion n'a pas attendu si tard. Le Cœur de Jésus pour être adoré n'ayant qu'à se faire voir, sans doute ceux-là ont été ses premiers dévots qui les premiers l'ont connu. Racontez-nous donc, ô bienheureuse Vierge, que disiez-vous au cœur de votre Jésus quand il remuait en vos chastes entrailles aux mouvements de votre propre cœur ? Saint Précurseur, quel autre que ce Cœur avez-vous entendu de la clôture où le vôtre était enfermé ? Disciple bien-aimé, quel appui désiriez-vous à l'heure des adieux suprêmes, sinon le Cœur de votre Maître ? Madeleine, est-ce pas à ce Cœur que l'effusion de vos parfums était adressée ? Ainsi à ces âmes privilégiées la blessure invisible du Cœur de Jésus montrait déjà le coup visible, que la lance n'avait point encore fait, mais que leur amour avait deviné.

Pour oublier la dévotion au Cœur de Jésus, il aurait donc fallu que l'Église détachée de ce roc divin, jaillie de cette source, oubliât le lieu même de son origine. C'est pourquoi nous voyons à toutes les époques les âmes les plus éprises de Notre-Seigneur, et les plus affectionnées à la méditation de ses mystères, descendre dans les profondeurs de cette dévotion, sucer le miel de cette pierre, aspirer l'huile de douceur et de bénédiction distillée de ses ouvertures, jusqu'au jour où de la méditation des âmes élevées cette dévotion vînt accroître le trésor des âmes plus faibles, et donner la sagesse à toutes.

Ce jour-là, N. T. C. F., fut le jour de Dieu qui dispense ainsi qu'il lui plaît la lumière et la chaleur à son Église. Mais en même temps ce fut le jour de la France, choisie pour devenir le parterre de cette nouvelle floraison de la piété chrétienne, dont les parfums devaient bientôt être poussés au loin, et embaumer le jardin de l'Église universelle. L'instrument de cette miséricorde envers la France fut une humble religieuse, cachée dans un monastère voisin de notre contrée. La bénédiction de ce voisinage devait apporter à notre province une bénédiction encore plus précieuse. Nous savons en effet de l'histoire de la bienheureuse Marguerite-Marie, que les premières adoratrices du Cœur de Jésus-Christ, selon les pratiques enseignées à sa servante par Notre-Seigneur lui-même, furent les religieuses de la Visitation de Moulins.

Puisse la ville prévenue des amabilités de ce Cœur

sacré, puissent le diocèse qui lui appartient, la contrée qu'il a préservée récemment, la province qui lui est consacrée, conserver la mémoire d'une prédilection si marquée ! Puissent les lieux sanctifiés des prémices d'un culte aussi attachant garder avec respect de si touchants souvenirs, s'ils n'ont plus l'honneur de les continuer !

Enfin, N. T. C. F., après des années d'épreuves et de temporisations nécessaires, la dernière de nos reines morte sur le trône, acheva, par les sollicitations de sa piété, d'écarter de la dévotion au Sacré-Cœur le nuage qui la tenait voilée. A la veille de tempêtes qui ne sont point encore achevées, cette main royale montrait ainsi à la France l'étoile du salut, et le port après les orages qui allaient venir.

Penserons-nous maintenant que Dieu, dont la sagesse agit toujours pour une fin et par des raisons déterminées, ait ainsi choisi la France au hasard pour faire d'elle, comme nous l'avons vu, la terre natale de la dévotion au Sacré-Cœur, au moins dans la nouvelle forme que la volonté même de Jésus-Christ lui a donnée ? La conduite ordinaire de la Providence s'y oppose, et notre reconnaissance y est engagée.

En effet, N. T. C. F., qu'est-ce que la dévotion au Sacré-Cœur ? Si nous la considérons dans ses effets, elle est pour le péché une expiation, pour le malheur une espérance et un refuge, pour l'inexpérience du dévouement une lumière, pour la présomption orgueilleuse une leçon et un remède. A ces titres elle convient à tous. Mais qu'elle leur ait été présentée des mains de la France, n'est-ce pas pour nous, dans le besoin commun, l'indice d'une nécessité plus urgente, ou d'une convenance plus marquée ? Voilà ce qu'il est intéressant de chercher, quand même nous ne serions pas assurés de le découvrir.

1° Si nous n'étions écoutés que de Dieu seul, ou si, entendant nos aveux, nos ennemis n'en devaient tirer pour eux-mêmes une justification que leurs œuvres n'ont pas méritée, nous reconnaîtrions aisément qu'ayant, par nos pères ou par nous-mêmes, surpassé l'infidélité des autres peuples, il nous fallait une expiation plus abondante que seul le Cœur de Jésus pouvait nous offrir. Sans doute cette raison ne suffirait que trop, et il nous resterait encore à admirer que l'unique distinction d'une misère plus grande ait attiré sur la France le privilége d'une élection si miséricordieuse. Sachent pourtant nos envieux que nos péchés n'ont pas tout fait, leur infidélité a aussi sa part en nos malheurs. Et s'il leur était donné de lire en nos destinées, peut-être reconnaîtraient-ils que Dieu ne nous a secoués si rudement que parce qu'il avait dessein de les avertir.

Telle est aussi bien, N. T. C. F., la conduite ordinaire de la justice. A-t-elle résolu de châtier un peuple, comme elle ne frappe qu'à regret, elle fait en sorte que sa correction ne profite pas uniquement à celui qui la souffre. Comme elle veut que ses avertissements soient entendus plus loin, ses coups aussi sont plus forts, ainsi plusieurs nations sont réveillées au bruit du châtiment réservé à une seule.

L'instrument par excellence , comme aussi la victime choisie de cette miséricordieuse disposition de la justice, a été le peuple Juif, institué dès ses commencements, et conservé jusqu'à nos jours pour être le témoignage permanent de la souveraineté de Dieu sur tous les peuples, par l'exemple de celle qu'il exerçait sur un seul. Ainsi l'exigeait la vocation de cette nation extraordinaire. Etabli le dépositaire des promesses, et la tige d'où le salut du monde devait sortir, ce petit peuple n'était pas seulement un peuple unique, il était le peuple universel , et comme il gardait le prix de toutes les nations, pareillement il payait pour toutes.

Quand on cherche, N. T. C. F.. dans la persuasion des temps écoulés, et surtout dans les déclarations des Souverains-Pontifes , le secret des destinées de notre patrie, on l'y voit associée à cette vocation redoutable et glorieuse qui a fait des annales de la nation Juive l'enseignement des générations qui devaient suivre. On trouverait aisément cette opinion surnageant encore aujourd'hui au naufrage apparent de notre fortune. De tous temps, nous voyons la descendance du peuple franc chargée, du consentement universel des peuples, de continuer au monde les leçons que la descendance d'Abraham avait commencées. Seule de toutes les maisons royales , la Maison de France perpétue, dans la persuasion du peuple chrétien, la lignée de la Maison de David ; on ne veut pas que cette lumière de Juda soit morte tout-à-fait, elle revit en nos plus grands rois, et son flambeau est rallumé en leurs successeurs.

Ainsi, dans la persuasion commune de l'Europe chrétienne, on faisait à notre nation cet honneur de la croire proposée par Dieu , soit comme un exemple de ses bontés aux nations qui gardent son alliance, soit comme une menace de ses rigueurs à celles qui la violent. Par suite, on ne supposait jamais rien de médiocre en sa fortune. Ou des revers faits pour elle seule, relevés par de merveilleux retours, ou des prospérités sans rivales suivies de calamités inouïes ; selon que Dieu voulait la montrer aux méchants pour les informer de ce qu'ils devaient craindre, ou aux bons de ce qu'ils avaient à espérer.

Vocation terrible, N. T. C. F., sous laquelle le monde a vu succomber le peuple Juif, et que la nation française n'eût pas mieux supportée, si, à la veille des expiations trop méritées qu'elle allait subir, Jésus-Christ ne lui avait donné son Cœur pour les partager. Ainsi, Dieu ne nous a pas montré, comme il avait fait aux Juifs, sa face tout entière irritée. Suivant le mot du Psalmiste, il n'a permis à la colère qu'une partie de son visage, *Divisi sunt ab ira vultus ejus*, l'autre moitié est demeurée à la douceur. Comme un père qui d'une main charge son fils d'un fardeau, et de l'autre l'aide à le porter, ainsi le Cœur de Jésus retenait, par miséricorde, la justice que nos péchés avaient déchaînée , *Misericordiæ domini quia non sumus consumpti.*

2° Expiation pour les pécheurs, le culte du Sacré-Cœur est secondement, pour les affligés , un refuge et une espérance. Dans l'ancienne loi , Dieu avait préparé à son peuple des villes de refuge ; Jésus-Christ n'a pas été pour le sien moins prévoyant dans la nouvelle. Il lui a ménagé aussi des cités de refuge, ce sont les plaies dont il a voulu que sa chair adorable fût transpercée. Principalement l'ouverture qui nous donne l'accès de son Cœur pour nous y tenir à l'abri, nous reposer dans l'espérance, en attendant que la colère tombe, et que la chaleur de l'indignation soit apaisée. Quel recours resterait à la France si, à cette heure, le Cœur de Jésus-Christ ne lui était ouvert ? C'est le sort de tous les infortunés de demeurer seuls, combien plus les nations malheureuses ! Les uns se réjouissant de leur chute, les autres redoutant d'y être entraînés. Hélas ! nous devions boire jusqu'à la lie le calice de cet éloignement universel. Sans doute, un châtîment si dur était nécessaire, et il nous fallait racheter, par cet abandon, les fréquentations malsaines de nos alliances passées. Heureuse la France en son infortune si, lassée de recherches inutiles, dégoûtée d'amitiés qui ne lui ont servi à rien, elle retourne au pacte ancien, à son traité d'alliance avec Jésus-Christ !

Seigneur, disait David, vous m'avez singulièrement constitué dans l'espérance. Cette constitution privilégiée, la France peut également remercier Dieu qui la lui a donnée. Qui ne convient que l'espérance fait comme partie de notre nature ? Il semble que nos princes l'aient trouvée au cœur de nos ancêtres avant de la placer sur leur devise. Tout œil nous a vus malheureux, aucun ne nous a surpris découragés, et nos ennemis pensent n'avoir rien à redouter de nous à cette heure, sinon que l'espérance nous est demeurée. Mais que les espérances de la terre sont vides, à moins que l'abondance du secours d'en haut ne vienne les remplir ! Nous avions pris pour des espérances les illusions de nos imaginations trompées , *Posuimus mendacium spem nostram.* Le séjour véritable de l'espérance est le Cœur de Notre-Seigneur. Certes, tous les peuples y sont appelés, qu'ils reconnaissent toutefois ce tempérament particulier de la France qui l'y tient comme bâtie et édifiée, *Singulariter in spe constituisti me.*

3° Ceux qui aiment, dit Saint-Augustin , sont précisément choisis parce qu'ils aiment, *Qui diligunt, quia diligunt eliguntur.* Plus n'est besoin, après cela, d'aller chercher ailleurs la raison de la prédilection de Notre-Seigneur envers la France dans le choix qu'il a fait d'elle pour lui confier le ministère principal de la dévotion à son Cœur. Toutes les autres que nous avons apportées, fussent-elles fausses ou inopportunément alléguées, en voici une qui ne souffre pas de réplique, et qui achève d'éclairer ce que la question pouvait conserver d'obscur. Que la France, en effet, ait livré tout son cœur aux causes par elle embrassées, on le conteste si peu que plutôt on en fait contre elle une attaque souvent invoquée.

Accuserons-nous cependant, N. T. C. F., dans l'emportement de la générosité française, toutes les imprudences auxquelles il a paru se laisser entraîner. Disons plutôt que souvent des imprudences blâmées par les hommes se sont, au jugement de Dieu, trouvées très prudentes. Aussi le Saint-Esprit, en nous parlant de folies qu'il appelle fausses, *insanias falsas*, nous donne suffisamment à entendre qu'il y a des folies véritables, c'est-à-dire que la vérité soutient et mesure. Laissons donc à la France l'honneur de ces déraisons glorieuses qui l'ont jetée tête baissée dans tous les sacrifices. C'est assez de blâmer cette chaleur du dévouement national, quand il s'est égaré sur des objets qui ne méritaient pas une si belle ardeur.

En tous cas, les erreurs de la générosité française sont récentes, sa générosité est née et a grandi avec elle. La nouvelle Europe n'apparaissait nulle part, les membres de ce grand corps devaient tarder longtemps à se rassembler, déjà l'âme de la France s'était révélée. Elle était passée des lèvres du premier roi très-chrétien, dans ce cri dont toutes les feuilles de notre histoire n'ont pas un seul moment cessé d'être agitées : « Que n'étais-je là avec mes Francs ! » Depuis ce jour, aucune âme française baptisée n'a pu se désintéresser de Jésus-Christ ni de son Eglise. Quelquefois on en a vu de rebelles, jamais on n'en a connu d'indifférentes. C'est à des âmes ainsi faites, malgré leurs erreurs, que votre Cœur, ô Seigneur Jésus, devait se montrer pour y porter la lumière, et ramener, en les éclairant, à l'amour unique leurs affections malheureusement détournées. *Accedite ad eum et illuminamini et facies vestræ non confundentur.*

4° Cette lumière, hélas ! a dû manquer à la France ; en effet, elle n'appartient qu'aux humbles. *Sapien-*

tiam præstans parvulis. « Apprenez de moi, nous » dit Jésus-Christ, que je suis humble de cœur. » Est-ce donc que Notre-Seigneur n'avait pas d'autre enseignement à nous donner, et d'un intérêt plus considérable en apparence ? Qu'il nous suffise de savoir que toute leçon nous fût demeurée inutile, si d'abord celle de l'humilité n'était reçue. On n'enlève rien à la sublimité des hautes conceptions de la science, si l'on dit que les éléments de la grammaire doivent la précéder d'abord. De même, on n'ôte rien au mérite de vertus peut-être trop admirées, si l'on dit, après Notre-Seigneur, qu'elles doivent toutes commencer à l'école de l'humilité. Combien la France ignorait cette école, ou du moins qu'elle s'en était éloignée ! Que sert, pour nous excuser, d'alléguer que notre orgueil n'avait pas ces façons hautaines qui rendent l'arrogance d'autres nations si déplaisante ? Dieu ne s'apaise point par des adoucissements ni des nuances, dans une chose qui lui déplaît toute.

Quand viendra le repentir qui nous rendra humbles, et par l'humilité, rendra à la chaleur du dévouement national, la lumière et le discernement qui lui manquent ? *Erit lumen Israël in igne.* Il semble que la terre en ait besoin et qu'elle se sente dans le trouble jusqu'à ce que notre paix avec Dieu soit confirmée. Cette paix, Jésus-Christ nous l'offre, et la table du traité est son propre cœur. Si le tissu d'un papier fragile, si une plume dont le vent se joue, si une encre bientôt effacée, apportent cependant aux alliances faites entre les hommes une assurance si ferme, combien plus inviolable sera l'alliance de Jésus-Christ avec la France, alliance écrite sur la portion la plus tendre, et en même temps la plus tenace de son humanité sacrée , par la pointe acérée d'une lance, et avec le sang même du Sauveur !

Mes Frères, le moment est solennel : Amis et ennemis, tous sentent qu'à cette heure Jésus-Christ parle à la France, et l'angoisse universelle est de savoir si sa parole sera entendue. Tant de prières seront-elles vaines, tant d'espérances seront-elles encore trompées, allons-nous commencer à être sages pour cesser enfin d'être flagellés ? Questions redoutables, réponses dont le secret nous est caché ; heureusement le cœur de Jésus le tient enfermé.

Allons à ce Cœur, N. T. C. F., pour en tirer ce secret au temps opportun, c'est-à-dire à l'heure où la grâce écoutée donne passage à la miséricorde. Paris, capitale de notre gloire, mais aussi théâtre et artisan de nos malheurs, semble en ce moment vouloir dire le premier mot du repentir de la France, comme il l'a dit de ses révoltes contre les hommes renouvelées si souvent, et de ses luttes contre Dieu jamais terminées. Cette Église que la piété de ses habitants promet au Sacré-Cœur au nom de la patrie menacée, espérons qu'elle deviendra un trait d'union entre la terre et le ciel, une pierre d'achoppement à la justice, un fondement à la miséricorde, une arche qui peut-être n'empêchera pas le déluge, mais au moins nous préservera d'être submergés.

Remercions Dieu cependant, N. T. C. F., de la protection qui a gardé notre territoire, et marqué précisément sur nos frontières la ligne que l'invasion ne devait pas dépasser. Le Cœur de Jésus s'est-il souvenu qu'autrefois il avait trouvé parmi nous ses premiers fidèles, notre cité se l'était-elle gagné à l'avance en précédant toutes les autres dans la construction d'une Église en son honneur, a-t-il été touché de nos vœux et apaisé par nos promesses ; ou, comme il est plus probable, n'a-t-il été mu que par sa miséricorde qui n'a besoin d'aucun autre feu que le sien pour être excitée ? Qu'on l'explique comme on voudra : le fait est que le flot venu jusqu'à nous s'est tu à nos portes, et le salut s'est trouvé si prompt qu'à peine avons-nous su que nous étions menacés.

Des périls peut-être aussi grands nous trouveront-ils dans l'avenir pareillement préservés ? Pourquoi ne pas l'espérer, N. T. C. F. ? Parmi les hommes, les plus riches et les plus généreux sont néanmoins si resserrés et si pauvres, qu'après une première épreuve de leur bonté on n'ose plus y avoir recours, tant leurs forces et leur bonne volonté sont promptement épuisées. Mais il n'en va pas de Dieu de la même manière. Au contraire, ne pas l'invoquer de nouveau sous le prétexte que déjà l'on a reçu de lui, c'est outrager sa bonté, et insulter à son abondance en supposant que ses libéralités puissent la tarir. Bien plutôt, parce qu'il nous a beaucoup donné il veut que nous nous en fassions un argument pour lui demander encore plus.

La fête de la Purification de la Très-Sainte-Vierge qui voit finir cette instruction en l'honneur du Cœur de son Fils, voit aussi augmenter notre confiance.

N'est-ce point en ce même jour que le Cœur de Notre-Seigneur a été offert à la lance qui devait le transpercer plus tard ? Car en le présentant comme un enfant ordinaire, et en le ravalant ainsi à la condition des pécheurs, Marie ne l'obligeait pas seulement à la condamnation de la loi qui le déclarait digne de mort, pour l'en racheter ensuite, elle l'engageait et le dévouait à mourir, sans obtenir qu'un délai par son offrande. Ainsi c'était au temple le sacrifice du matin préludant au sacrifice du soir réservé au Calvaire, mais tous deux si peu différents que le vieillard Siméon n'en fait qu'un seul, et se trouve placé là par Dieu tout exprès pour en avertir la Très-Sainte-Vierge. Tant ce Cœur était impatient de s'oùvrir aux pécheurs qu'il n'attendait pas le ministère du soldat pour leur assurer un refuge ! Il se rompait sous l'effort de son désir avant de se rompre sous la blessure, et montrait au monde dans le temps le salut qu'il lui avait préparé pour l'éternité.

Moulins, le 2 février 1873, en la fête de la Purification
de la Bienheureuse Vierge.

† PIERRE,

Évêque de Moulins.

En ce qui concerne la prière, le jeûne, l'aumône, la communion pascale, voir le détail des dispositions dans le Mandement placardé en affiche.